AF268197

EXPIATION

DE

RABAGAS

LETTRE

A M. VICTORIEN SARDOU

PAR

Alphonse BOILLIN

Florestan I sut faire un sceptre d'une épée,
Mais il était si grand qu'aujourd'hui ses neveux
Ne pèsent pas ensemble un seul de ses cheveux.
DESTIGNY (de Caen).

Prix 40 centimes

PARIS

E. LACHAUD, LIBRAIRE-ÉDITEUR

4, PLACE DU THÉATRE-FRANÇAIS, 4

1872

EXPIATION DE RABAGAS

LETTRE

A M. VICTORIEN SARDOU

Monsieur,

> J'ai vu *Rabagas* (*)
> Hélas !
> (*) Lisez Agésilas.
>
> BOILEAU.

Jusqu'au dernier jour, nous avions osé croire au retrait de votre pièce du théâtre; loin de là, en bon père de famille, choyant bien son enfant, vous lui faites les honneurs de l'impression, et de la mise en vente au prix *modeste* de 2 francs. Votre marchandise nous semble un peu chère, Monsieur, quand nous la comparons aux beaux drames de la *Closerie des Genêts* et de *Victorine ou la nuit porte conseil*, cotés 40 centimes dans toutes les librairies. Enfin, c'est votre prix, il suffit.

Aujourd'hui, tout, ou presque tout a été dit sur *Rabagas* : pour les uns, non-seulement vous avez fait une mauvaise pièce, mais, qui pis est, une très-mauvaise action ; pour les autres, tous les lauriers de la terre seraient insuffisants pour vous tresser des couronnes ; en un mot, votre génie sans égal aurait fait éclore un chef-d'œuvre tel, qu'il laisse bien en arrière tous vos devanciers, à n'en citer qu'un seul, Aristophane, ce père du genre, près de vous n'est qu'un petit garçon. Ces amis-là nous semblent quelque peu les amis du pavé de l'ours ; nous croyons qu'il est prudent de s'en méfier.

Nous qui ne sommes ni un voleur, ni un assassin, nous sachant honnête homme quoique anti-Rabagaseux—mais vous ignorez sans aucun doute que c'est avec cette aménité de langage que sont traitées par vos amis (ceux du fameux pavé), les personnes qui ont le mauvais goût de ne pas trouver *Rabagas* le dernier mot de l'art ; — qu'il nous soit permis de mettre sous vos yeux ce passage d'un critique ami, qui, tout en vous flagellant, a dû, comme ce soldat de Marius, se couvrir le visage. — « Vous ne pouvez douter, mon cher Sardou, dit-il, de la sympathie que j'ai pour votre talent : j'ai acclamé *Patrie*, presque excusé votre féerie maraîchère le *Roi Carotte;* j'ai ajouté que l'année 1872 était pour vous une année néfaste; j'oubliais qu'elle commence bien avant qu'elle ne soit close. Vous pouvez nous avoir donné une belle œuvre : *Patrie* attend un pendant, *Rabagas* une expiation. »

Ce sage conseil d'un ami attristé, le suivrez-vous? Oui, car il est faux que vous n'ayez visé qu'à un grand scandale pour remplir votre coffre-fort; oui encore, car il doit être faux que vous ayez pactisé avec tel ou tel parti ; nous, nous croyons fermement qu'à l'exemple d'Hippocrate, tous les présetns des Artaxerxès en disponibilité ne sauraient vous séduire; et jamais il n'entrera dans notre pensée qu'il ait pu germer dans la vôtre l'intention bien arrêtée de déconsidérer la France aux yeux de l'étranger et aux siens pro-pres, cette France qui est bien un peu votre patrie, Monsieur. Comme l'homme aux quarante écus, nous sommes idolâtre de notre pays ; et comme lui nous disons : — QUELLE NATION QUE LA FRANÇAISE, SI ON VOULAIT !

Nous le disons sincèrement, nous qui n'avons jamais douté du patriotisme et du dévouement à la patrie de personne, si le contraire ne nous a été démontré sans conteste, il nous serait pénible de conserver le moindre doute à cet égard; non, ce n'est point au lendemain où, à peine sorti d'une guerre étrangère et, horreur!... de la plus épou-vantable guerre civile, non, ce n'est pas là le moment que vous auriez choisi pour jeter un brandon de discorde à votre pays encore tout sanglant et tout meurtri d'une lutte fraticide et, surtout, quand il a tant besoin d'oublier d'aussi tristes jours : à cette France enfin où — « Tout est aujourd'hui à refaire en politique et en morale, car nous n'avons encore rien que des ruines. Il n'a fallu que de la force pour détruire, il faut de la sagesse pour réédifier, et nous en manquons. La France ne manque ni de guerriers, ni de savants : ce sont des vertus véritablement républicaines quelle attend, et qui ne peuvent germer qu'à la faveur de sages institutions. Si les mœurs et la justice ne servent pas de base à notre république, elle ne fera que passer, et elle ne laissera après elle que des souvenirs grands, mais terribles, semblables à ces fléaux qui de temps à autres viennent ravager le monde. Songeons que c'est avec les débris de la monarchie la plus corrompue que nous devons réorganiser le corps social, et, quand les lois nouvelles seraient sages, elles ne nous serviront guère si les hommes ne sont bons et vertueux, et ils ne le sont pas. C'est aux institutions politiques à les rendre tels, et nous n'en n'avons pas encore. Nous avons banni les rois, mais les vices des cours nous restent et semblent redemander chaque jour leur terre natale. Et l'on nous dit que les partis ne sont pas à redouter?... qu'ils ne minent pas sourdement l'édifice nouveau que nous essayons d'élever sur les ruines du royalisme? Tout ce qui reste d'impur de l'ancien régime, tous les préjugés, tous les vices, tous les ennemis de la liberté se rallient autour d'eux pour battre en ruines toutes les institutions qui pourraient affermir la république » (1).

Que vous semble, Monsieur, de ces quelques lignes ! En les lisant, ne dirait-on pas, à très-peu de chose près, qu'elles sont écrites d'hier ? Cependant trois quarts de siècle se sont écoulés depuis, car, ce fut en 1798, que parut le grand ouvrage d'où nous avons extrait ce passage.

Encore quelques mots et nous finissons. Depuis vingt-cinq ans, le suffrage universel est devenu la base de nos institutions nouvelles; a-t-on fait quelque chose pour l'éclairer? Non, rien, ou presque rien. Il a été donné à la société une arme légale, c'est vrai, mais cette arme est à double tranchant, malheur à qui ne sait point s'en servir! A-t-on fait quelque chose pour l'apprendre? rien, rien encore! En vérité, il semblerait que c'est diamétralement tout le contraire; la lumière n'aurait-elle donc été créée qu'au profit de quel-

---

(1) L'on s'exprime ainsi sur l'auteur d'où nous avons extrait ce passage. — Dans le procès du roi (Louis XVI) il vota la détention comme mesure de sûreté générale; et après la condamnation, il se déclara pour le sursis. Lors de l'émission de son vote, il s'était ainsi exprimé: — « Je souhaite que l'opinion qui obtiendra la majorité des suffrages fasse le bonheur de mes concitoyens, et elle le fera si elle peut soutenir l'examen sévère de l'Europe et de la postérité qui jugeront le roi et ses juges.»

ques-uns et non pour tous ? pourquoi ? Nous nous le demandons ; notre même auteur va se charger de la réponse.

« On dit qu'il est des vérités qu'il serait dangereux de révéler au peuple (1). Ceux qui tiennent un pareil langage ont-ils donc oublié que le peuple est composé d'hommes tous égaux aux yeux de la nature, et qui ne devraient acquérir de supériorité les uns sur les autres, que par l'usage de leur raison, par le développement de leurs facultés intellectuelles et par les vertus ? Ce n'est pas l'instruction dans le peuple que l'on doit craindre — il n'y a que les tyrans qui la redoutent, — mais bien plutôt son ignorance, car c'est elle qui le livre au premier oppresseur qui veut l'asservir. Je sais que l'on dit communément que tous les hommes ne sont pas également faits pour être éclairés ; sans doute, quand on entend par être éclairé, approfondir les principes des sciences, posséder les diverses branches des connaissances humaines, ou raisonner comme Cicéron sur la nature des devoirs. Mais ici, être éclairé SIGNIFIE N'ÊTRE PAS TROMPÉ. » Cela dit, nous revenons à vous, Monsieur.

On dit que vous aimez l'or ; mais qui dit cela ?

---

(1) Le discours récent, si remarquable, de M. d'Audiffret-Pasquier à l'Assemblée Nationale, séance du 4 mai, indique assez la nature d'une partie de ces vérités.

Vos détracteurs et vos envieux. Non, vous ne l'aimez pas, et en voici la preuve : vous possédez trop vos auteurs pour qu'il vous soit échappé qu'Aristophane dut monter sur le théâtre pour jouer lui-même le rôle de Cléon, aucun des comédiens n'ayant osé faire ce personnage si redouté. Eh! qui donc maintenant oserait dire que vous aimez l'or et que votre cœur est un temple tout grand ouvert au culte du dieu Janus? Nous protestons contre une telle calomnie, car il est incontestable que M. Sardou, jouant lui-même le rôle de Rabagas chaque soir, eût fait salle comble, ce qui, pour lui, eût été un Pactole intarissable. Peut-être M. Sardou n'y a-t-il pas songé! On ne songe pas à tout...

Autre chose : ceci est plus grave. On vous fait le reproche d'avoir insulté la nation entière par ces paroles que vous faites dire à Rabagas, dans la situation que vous savez : « Je m'expatrie, et je vais en France, seul pays où l'on apprécie les gens de ma trempe. »

Décidément, Monsieur, ou vous ne connaissez pas les classiques, ou il faut avouer que vous avez une mémoire bien rebelle, car vous sauriez que, pour bien moins qu'une insulte, pour avoir seulement fait l'éloge de la richesse, par la bouche de Bellérophon, l'un de ses héros tragiques, Euripide, le grand Euripide, ce favori, cet enfant gâté des Athéniens, faillit sur-le-champ être chassé de la ville, s'il n'eût prié qu'on attendit la fin de la pièce, où le panégyriste des richesses périssait misérablement.

Nous concluons que les Athéniens de Paris sont moins soucieux de leur dignité et de leur honneur que ne l'étaient ceux de la vieille Athènes, ou, ce qui est plus vraisemblable, qu'ils dédaignent l'insulte et l'outrage, NE POUVANT LES ATTEINDRE.

Bien que nous n'ayons pas l'honneur de vous connaître, — votre nom n'étant pas parvenu jusqu'à nous, — et moins encore d'être de vos amis, cependant nous prenons la liberté de vous offrir l'expiation de *Rabagas* par la composition d'un grand drame historique dont voici le titre et le sommaire esquissé à longs traits :

L'AMOUR DE L'OR ET DES HONNEURS.

Dans London-Bridge, quai du pont de Londres, se trouve la taverne de l'*Aigle empaillé*; c'est dans cet établissement, plus ou moins enfumé, que s'assemble d'habitude une bande de chenapans et d'aventuriers de toutes sortes. Un soir, la réunion est plus animée que de coutume; il s'agit d'une grande entreprise qui n'est ni plus ni moins que de s'emparer par surprise de la principauté de Monaco. Un navire est là tout prêt, qui chauffe à toute vapeur; les rôles et les costumes sont distribués, sans oublier surtout certain talisman reconnu à l'unanimité indispensable pour le suc-

cès de l'expédition. Embarquement de nos argo-
nautes de nouvelle espèce, voguant à la conquête,
non de la toison d'or, mais bien d'une belle et
bonne principauté de terre ferme; ils arrivent à
bon port; leurs mésaventures une fois débarquées,
position grotesque du chef de la bande, sa course
nautique et vagabonde à travers les flots pour
rejoindre une barque qu'il ne peut atteindre;
grand danger que courut l'oiseau-talisman, qui
faillit être submergé, finalement arrestation des
flibustiers et de leur chef.

Quelques années se sont passées; une révolution
a chassé le prince de ses Etats. A cette nouvelle,
les mêmes chenapans arrivent de tous lieux; par
une imprévoyance coupable et impolitique, les
portes de la principauté leur ayant été laissées
toutes grandes ouvertes, protégés par le prestige
d'un grand nom et par leur perfide adresse, ils
s'emparent des hauts emplois, et, par un coup
d'Etat abominable, violant un serment fait à la
face du ciel et des hommes, le chef se déclare
prince régnant. Dans un discours à effet, préparé
à dessein pour rassurer ses voisins, il dit avec
emphase : « Mon règne, c'est la paix. » Paroles
bientôt démenties par les faits, car à peine est-il
affermi sur le trône, qu'il fait la guerre; il est
victorieux; cette victoire l'exalte, et à une guerre
en succède une nouvelle; les finances s'épuisent;
le budget de l'État a plus que doublé; le prince
s'aperçoit enfin que la principauté n'est pas assez
riche pour payer sa gloire; la situation devient

critique ; ses anciens complices demandent de l'or.
Il les connaît !... pour de l'or, ils vendraient la
principauté et le prince par-dessus le marché ; il
faut aviser, car la caisse est vide ; son chancelier
lui persuade *d'un cœur léger* de faire la guerre.
Nous ferons un, deux, trois emprunts, quatre s'il
le faut ; le tour sera joué. C'est le contribuable qui
paiera. Incontinent, le prince fait la guerre. Hélas !
triste retour des choses d'ici-bas, fatale erreur,
ce que l'on avait cru devoir être le salut fut la
perte ; le prince est battu ; mais, en homme passé
maître en prudence, il se laisse prendre *vivant !...* (1). Pour récompense de cette.... bra-
voure !....., et surtout le sachant incapable de s'en
servir..., son vainqueur lui rend son épée? (2).

A la nouvelle d'un tel désastre et d'une si
grande honte, le rouge de l'indignation monte à

---

(1) Cette situation du prince de Monaco nous remet
en mémoire ces vers de Destigny (de Caen.)

Satire le Prétendant.

. . . .

Écoute, Bonaparte, entre nous soyons francs !
Déjà tu n'as pas su tenir tête à l'orage ;
A défaut de prudence il fallait du courage ;
Et l'on t'a pris vivant ! . . . .

(2) Ce vaincu et ce vainqueur reportent notre pensée à
ce passage de l'*Enfer* où Dante dit : « Combien se tiennent
là-haut pour de grands rois, qui seront couchés comme
des porcs dans ce bourbier, ne laissant d'eux-mêmes que
d'horribles mépris ! ... »

tous les visages, et, sans qu'une goutte de sang
soit versée, le prince tombe sous le poids de la
réprobation générale, son gouvernement n'ayant
été que l'inauguration des fortunes improvisées,
scandaleuses, inavouables, l'orgie insensée, *sans
exemple*, de la délapidation des deniers publics !...
et toute la durée de son règne un acheminement
rapide vers la dégradation des mœurs, l'anéan-
tissement des liens sacrés de la famille, et la dé-
composition du corps social. En tombant, il laisse
la principauté au bord d'un abîme. La Providence,
sous les traits d'un grand citoyen, l'arrête assez
à temps, et l'empêche d'y être précipitée.

APOTHÉOSE (1).

Au centre de la scène, sur un amphithéâtre
formé de gradins, la Principauté de Monaco, représentée sous la figure allégorique d'une jeune
et forte femme, la tête ceinte de sa couronne in-
signe de sa dignité, son sceptre dans la main
droite, symbole de sa puissance, la gauche posée
avec abandon sur l'épaule d'un vieillard véné-
rable; à ses pieds un lion sommeille; près du
vieillard se tiennent la Sagesse, la Justice et
l'Egalité; la Justice, armée de son glaive et du

---

(1) Bien que le dessein de l'Apothéose soit déposé, nous
ne mettons aucun obstacle à ce qu'il soit composé et
publié par les journaux illustrés.　　　　　A. B.

Livre des Lois, où sont écrits ces mots : « J'étais
« un mot, je suis une chose » ; sous ses pieds,
l'Abus et la Faveur ; l'Égalité, son simple triangle
à la main ; au-dessus du vieillard planent la
Gloire et l'Immortalité, qui posent sur son front
la couronne civique, avec cette devise en lettres
d'or : « *La passion de l'honneur est la seule qui
jamais ne vieillisse, et, dans la maturité de l'âge,
le seul plaisir n'est pas, comme on le prétend, d'a-
masser des richesses*, MAIS DE COMMANDER LE RES-
PECT (1). »

Devant la Principauté, vêtue de deuil et les
mains enchaînées, deux jeunes filles blondes,
dans la posture de suppliantes, la Consolation
et l'Espérance, à la droite de la Principauté,
en face du vieillard, à qui elle sourit *avec
confiance*, la tête ornée du bonnet phrygien, la
lance en main, une toute jeune fille, resplendis-
sante de beauté et de santé ; à ses côtés, la Force
et la Prudence ; un peu en avant, l'étendard dé-
ployé, un pied sur la Licence, se présente la fière
Liberté ; un peu plus loin, près de la Stupidité,
l'Utopie, coiffée d'un bonnet crasseux, où est écrit :
« Droit au travail, égalité des salaires » ; tout près,
la Grève et la Misère, sa compagne inséparable ;
au dernier plan, à la gauche du spectateur,
l'Anarchie et la Destruction enroulées dans un
lambeau d'étoffe rouge, souillé de vin, de boue

---

(1) Thucydide

et de sang, couchées sur un monceau de ruines encore fumantes : ces six derniers personnages terrassés par la Raison et la Vérité, l'une tenant son flambeau, l'autre son miroir. A la droite du spectateur, un groupe nombreux, où se mêlent la blouse à l'habit, la veste à l'uniforme : c'est la fête de la Fraternité, présidée par la Concorde et l'Oubli ; au milieu, la Fortune sans bandeau et disant à haute voix, au vrai travailleur : « je te prodiguerai mes dons ; » sur le devant, l'Abondance et l'Industrie ; l'une répandant ses bienfaits, l'autre étalant ses produits de tous genres. Dans le lointain, la Discorde, s'enfuyant en jetant des cris de rage, est suivie de trois spectres portant chacun en main une couronne et un sceptre brisé ; Némésis vengeresse, armée de son fouet redoutable, les suit à distance. Deux jeunes militaires s'approchent des jeunes filles vêtues de deuil, soupèsent leur chaînes, disent tout bas quelques mots ; elles sourient et un cri de joie s'échappe de leur poitrine oppressée. Les accords d'une musique harmonieuse se font entendre, et des voix célestes chantent l'hymme de la Délivrance : à ces nobles accents, le lion se lève, pousse un rugissement formidable ; docile à un geste de la Prudence, il reprend son sommeil ; mais une noble ardeur s'est emparée de tous les cœurs ; les bras se lèvent et le Ciel reçoit un serment solennel.

Pour la composition de votre drame, les personnages ne vous manqueront pas ; vous n'aurez que l'embarras du choix; mais, précaution indispensable, retroussez bien les manches de votre habit; vous pourriez vous salir en plongeant dans le tas : vous trouverez l'assassin, le voleur, le faussaire, le parjure, le traître à la patrie (1), le rénégat, le concussionnaire, le suborneur, etc., etc.

Votre nouveau Florestan ne doit pas être représenté sous l'aspect d'un tyran farouche et sanguinaire, non, mais d'un bonhomme plus.... incapable que méchant, croyant qu'il lui suffisait

---

(1) Souvent nous nous sommes demandé et nous demanderons toujours comment il pouvait y avoir des traîtres à la patrie, quand nous pensons aux supplices atroces, aux tourments horribles qui leur sont réservés!... — Nous passâmes (Virgile et Dante) jusqu'au lieu où la glace enserre cruellement d'autres ombres, non pas debout, mais la tête renversée : les pleurs répandus empêchent les autres de couler, et la douleur, trouvant un obstacle dans les yeux, se refoule au dedans et accroît l'angoisse. Car les premières larmes se congèlent, et comme une visière de cristal, emplissent sous les cils toute la cavité de l'œil. Un des malheureux de la croûte glacée cria vers nous : Arrachez-moi du visage ces voiles endurcis, que je puisse soulager un peu la douleur qui me gonfle le cœur avant que mes larmes se gèlent de nouveau. — Si tu veux que je te soulage, dis-moi qui tu es. Il me répondit alors : Je suis... Je suis B... Je suis Bocca! — Maintenant, dis-je, je ne veux plus que tu parles, traître maudit!... là-haut, je porterai à ta honte de vraies nouvelles de toi.

DANTE (*Cercle des traîtres à la patrie*).

d'être le neveu de son oncle (1) pour s'endormir
dans les délices de Capoue et laisser le soin de
son gouvernement aux intrigants de son entou-
rage.

Dans cette nomenclature de tous ces héros de la
pièce, nous n'avons pas parlé de l'intrigue amou-
reuse ; cette omission de notre part à été faite à
dessein, ne voulant pas allier à d'aussi *tristes
personnages* l'héroïne honnête, mais ambitieuse ;
c'est ainsi qu'elle doit être représentée, l'ambition
n'excluant pas l'honnêteté ; ne puisez pas, ne
trempez pas votre plume au même encrier que
certains folliculaires de bas étage : respect à la
femme, respect à la mère !

En terminant notre lettre, nous nous inclinons
respectueusement devant la grande ombre du
sage dont l'empereur Young, — il régnait au
XIVe siècle — a pu dire dans un de ses édits :
« Je révère Confucius, les empereurs sont les maî-
« tres des peuples, et il est le maître des empe-
« reurs. » Sur une seule pensée de ce grand
homme, faites votre drame, inspirez-vous, péné-

---

(1) *Florestan I* sut faire un sceptre d'une épée,
Mais il était si grand qu'aujourd'hui ses neveux
Ne pèsent pas ensemble un seul de ses cheveux !

Destigny (de Caen.)

trez-vous bien de sa morale ; là est le pendant de
Patrie, là est de *Rabagas* l'expiation : — Lisez.

« Des hommes abjects et vils, pourront-ils,
« même avec des talents, servir le Prince et la
«. Patrie? non, sans doute, tant qu'ils ne sont pas
« élevés aux emplois, ils ne pensent qu'à les ob-
« tenir ; quand ils y sont élevés, ils ne pensent
« qu'à ne pas les perdre. Il n'est rien dont ils ne
« soient capables pour y parvenir ou pour les
« conserver : ILS NE CRAINDRONT NI LA HONTE NI LE
« CRIME. »

Agréez, Monsieur, les civilités de votre très-
humble serviteur,

Alphonse **BOILLIN**.

25 Mai 1872.

Paris. — Imp. Dubuisson et Cⁱᵉ, rue Coq-Héron, 5. —2559

DU MÊME AUTEUR

POUR PARAITRE PROCHAINEMENT

UNE RÉUNION ÉLECTORALE PRÉPARATOIRE AU VILLAGE

PARIS

IMPRIMERIE DE DUBUISSON ET Cᵉ

5, RUE COQ-HÉRON, 5

1872